전라도 가는 길

이순(耳順)

윤 주환

내 귀에
달팽이가
세들어와 산다.

한 여름 내내
매미 울음만 듣다가

어느새
가을이 왔는지
귀뚜라미가 울어쌓다.

| 한국대표정형시선 040 |

전라도 가는 길

문주환 시집

고요아침

■ 시인의 말

　누군가를 그리워하고 사랑하고 있다는 것은 그 얼마나 행복하고 여유로운 즐거움이겠는가? 항상 마음 한 편에 담아 두어야 할 그리움이 있다면 그 여백 속에 채워지고 갈무리 할 수 있는 삶의 여유로움, 그것이 오늘의 나를 잇게 하는 것들이었고 내 곁에서 사랑을 함께 할 수 있어 더욱 행복 했었다.
　떠나보지 않았어도 언제나 그리움의 향수가 묻어나는 땅끝마을에서의 내 약속은 지켜져야 하고, 또 귀거래사를 써야하는 이유에서이다. 다 말하지 않아도, 드러내지 않아도 되는, 그런 그리움이 내 사랑의 여백이다.

2015년 가을
땅끝마을에서
문주환

■ 차례

■ 시인의 말　　　　　　　　　　05

제1부 땅끝

울돌목	13
엄남포 염전에서	14
백악기의 공룡을 만나다	15
달랑진 성	16
미황사 부도전	17
해남의 찬가	18
글 쓴 바위 아래서	19
대흥사를 가다	20
도솔암	21
돌아가는 길	22
명량, 그 고향을 가다	23
남촌에 봄이 오면	24
일출	25
달마산 미황사	26

제2부 영산강

홍어의 거리에서	29
나주역	30
역류를 꿈꾸다	31
낙화	32
눈 오는 날 복사꽃, 혹은 화인의 자국	33
배꽃이 지는 풍경	34
영산포역	35
그 오월의 봄	36
백제의 땅	37
봄 홍어	38
달이 뜨는 강	39
봄, 간이역	40
꽃의 시신	41
전라도 가는 길	42

제3부 풍경

가을 청령포	45
침묵하는 무등산	46
삼다도	47
고물상 부근	48
소록도	49

초록빛 오월로	50
구름바다에 누운 부처	51
무위사 모란꽃살무늬 벽화	52
오월에 증언하는 꽃들	53
텃밭, 자벌레	54
봄	55
무논	56
겨울 배추밭	57
가을날의 삽화	58
오일 시장에서	59
백마강	60
겨울 녹차 밭	61
황태덕장	62
심봉사, 무각사에 오다	63
한빛원전, 그 후	64
가을 적벽	65
여의도의 봄	66

제4부 나의 여백

부부	69
막노동	70
하회탈	71
못질을 하다	72

텃밭에 봄	73
누드로 누운 꽃잎	74
도요새, 그 쓸쓸한 흔적	75
벚꽃나무 첫눈 내리다	76
겨울 까치집	77
어머니의 산	78
억새풀꽃	79
새벽시장	80
풀밭에서	81
입적	82
등대지기	83
고흐의, 밀밭 길을 가다	84
후박나무 그늘, 그 윤회	85
그 여름 산밭에	86
겨울 구제역	87
느티나무의 말	88
그 뒷모습	89
섬 억새	90
해금	91
빈농	92
바다 경전	93
전용차로	94
실직	95
조화 앞에서	96
목숨	97

이순	98
슬픈 이력	99
뒷모습도 그리움이다	100
봄, 절정	101
나무처럼 살아야지	102
찔레꽃	103

■해설_표표한 반골의 정신,
　여유와 장단의 가락/ 이지엽　　106

1부

땅끝

울돌목

명랑해협
성난 파도
억겁을 들이치다

당산에
달이 뜨면
가 웅 강 수 우 월래 소리

오늘도
그날의 함성
울먹이는

물
굽
이

엄남포 염전에서

한낮을 작열하는 태양을 잡아끌고
빙점에 이르러서 수평선이 보일 때쯤
사각의 응결을 위해 열반에 들고 있다.

무거운 짐 등에 업고 석양의 낙타처럼
등 굽은 아비의 수차 물굽이를 이루는데
간극의 시나브로 피어나는 열꽃들.

고비사막 건너 저편 피라밋 탑을 쌓아
새하얀 순례자의 길 적도를 지나오다
몇 억겁 불을 삼켜야 천일염이 되어 질까.

비로소, 자기 몸이 삭아들고 있다는 걸
먼 길을 돌아와서야 한 생이 바래지는
저 넓은 해원의 끝에 붉은 해를 또 삼킨다.

백악기의 공룡을 만나다

우항포 바다가 울면 갯내음 불어온다

언뜻 언뜻 구름 사이 보름달이 지나가고

우렁한 공룡 울음이 암각화로 새겨진다

거대한 몸짓들이 불 구렁을 빠져나와

죽음이 몰려드는 어둠의 길을 건너

해식층 암벽 위에다 생의 흔적 찍고 있다.

달량진 성

무성한 을묘왜변 유월 중천 한더위가

허기진 보리누름 이랑마다 출렁이고

성곽에 누운 소나무 휘휘휘 울어 싼다.

달량진 해월루에 성근 달빛 푸른 이끼

충무공 호령 소리 빗겨가는 역사 앞에

수성송 나이테 감아 난중일기 쓰고 있다.

* 을묘왜변 때 이순신 장군이 하루를 쉬어 갔던 성지.

미황사 부도전

미황사 부도전에 애기동백 한창이네

토끼와 돌 거북이 수궁을 유영하듯

스님들 열반에 드는 한 이승을 가고 있고

탑신에 금을 긋는 외진 골 풍경소리

천둥은 잦아지고 노을 타는 황소울음

바위도 미륵이 되나 돌꽃들이 피어나네

봄날도 서러운 봄 산을 깨는 먹뻐꾸기

석잔등 진달래를 저리 붉게 피워놓고

부처님 염화미소를 꽃향기로 남기네

해남의 찬가*

달마산 도솔봉에 둥근 달이 떠오르면
미황사 쇠북 소리 내 가슴을 울리고
땅끝 탑 출렁인 파도 고향 소식 싣고 오네.

우슬재 넘는 바람 구비구비 돌아서
산 좋고 물도 좋은 고천암에 이르니
황금빛 넓은 들녘에 풍년가도 우렁차다.

가웅-강 수 -월래 으신으신 밟아보자
울돌목 파도처럼 휘몰이로 뛰어보자
해남은 우리의 터전 신명나게 살아가세.

* 2008년 7월 가수 해남이의 노래.

글 쓴 바위 아래서

참말이 귀에 걸려 영어의 몸이 되나
시원의 물이 되어 해원으로 가는 길은
하현의 어두운 밤은 등이 휜 달이 뜬다

얼마나 낮게 흘러야 용서에 닿을는지
유배의 다른 세상 풍경이 그리 좋아
누군가 보고 가야할 그 그리움 새겼을까

저 푸른 바다 유언 우암의 머릿결들
수의를 빨아 널며 무슨 생각해보았을
말 못한 글 쓴 바위*에 파도는 와 부서진다.

* 완도 보길도에 우암 (송시열)의 유배 길에서 임금님이 하사한 입고 있던 옷을 보다 복받치는 그 심경을 글로 새겨놓은 바위가 있음.

대흥사를 가다
— 만행卍行

대흥사 일주문을 지나 피안교 난간 위를
바랑을 진 달팽이가 아침을 건너고 있네.
노스님, 만행의 길을 다녀오시는 중이란다.

느린 걸음이지만 먼 길 재촉해 가시는 것은
아마, 일지암 지나 만일암 거쳐 북 미륵암까지
늦어도 해거름 산의 행전에 당도하시려는지.

도솔암
― 땅끝마을 15

금병풍 둘러쳐진 운해 속 도솔암에

스님은 구름 타고 나들이 가고 없고

쑥궁새 붉은 울음만 서역을 날고 있다.

숙순봉 솟은 해가 도솔봉 넘어온 날

시누대 푸른 잎은 세월 깊듯 바래져서

풍경은 허공을 치다 노을빛 타고 운다.

돌아가는 길
― 오심재 2

가야할 내 길이 어둡고 쓸쓸하다

다시는 넘지 말자 굳은 맹세 다짐에도

넘으면 넘어설수록 깊어지는 내 생각

너를 보낸 이 길이 얼마나 그리운지

지천명의 이 길이 얼마나 외로운지

다짐도 헛수고일 뿐 다시 돌아가는 길.

명량, 그 고향을 가다

목숨을 다 내주고 무슨 한 그리 많아
설움의 눈물바다 마를 날이 없는지
명량의 바다가 울면 비가 또 내린단다.

4월의 그 바다에 꽃들이 수장되고
5월의 그 산하에 꽃들이 산화하는
사람들 사는 고향은 죽어서도 가고 싶은지

억울한 이 누명을 슬픔의 이 눈물을
지울 수만 있다면 무엇을 더 바랄까
푸른 산 푸른 바다가 고향땅이 아니던가

수궁 길 가자하며 조끼 옷도 입혀주고
언니는 맨 나중에, 선생님은 뒤에 갈게
갑오년 팽목항 바다 노란 꽃이 만발하고

아버지, 어머니가 가시던 길 가고 있어
부끄럽지 않는 얼굴 사람들이 사는 땅에
오늘도 구름 한 자락 사무치게 지나간다

남촌에 봄이 오면
— 윤삼현 시인

달이 뜨는 남촌에는 참 사랑이 있습니다
침묵의 달빛 담아 마음 밭에 뿌려 놓고
꽃그늘 홀로 앉아서 어머니를 그리워하는

고향에 봄이 오면 찔레꽃도 핀다지요
어머니가 보고 싶어 저녁 하늘 바라보다
초롱한 별들을 보고 눈물 젖은 시를 쓰고

남촌에 훈풍 타고 참꽃이 만발하면
어머니 등에 업고 꽃구경도 가자하던
그 봄을 그리워하는 참꽃 당신입니다.

* 달이 뜨는 마을에는 시인 이동주님이, 달빛 같은 참꽃 시인 윤삼현 님이 남촌 문학의 씨를 뿌리고 일구어오시던 그 봄 산 들녘에는 해마다 봄이 오고 찔레꽃, 참꽃이 만발하면 떠오르는 그리움이 있습니다. 고향땅 남촌 사람들이 그립고, 당신의 봄이 더욱 그리워집니다.

일출

어둠을
살라먹고
불끈
솟아오른

사내가
아랫도리 벗는 소리

일순간
붉은 굉음을
지르다가
사그라드는.

달마산 미황사
— 해남팔경

사구포 전설 바다에 돌배가 떠오르고
부처를 업은 황소 노을 끌다 무릎 꿇은
황홀한 서역만리에 붉새가 날아옵니다

하루에도 몇 수 번을 지는 해를 기다리며
부도전 돌 거북이 수궁전 가는 행렬이
문바위 너덜겅 길을 오르고 또 오르고

왼 길을 돌아와서 쏟아놓은 황소울음
서역 하늘 물들이다 사라진 영과 육은
임 계신 윤슬 바다에 펼쳐지는 성전입니다

달마산 먹뻐꾸기 온 산을 흔드는 봄
금이진 바위틈에 피를 토한 자리에는
철쭉꽃 지천입니다, 황사 모종 또 웁니다.

영산강

홍어의 거리에서
— 영산강 1

산들이 드러누워 쑥부쟁이 움이 돋는
나직이 흐른 강물 볼수록 차분하다
오월의 빈 나루에는 동이 선 갓똥꽃만

후미진 건널목에 초롱불을 켜드는 밤
질펀한 홍어 냄새 코끝까지 치미는 강
뚝배기 홍탁 한 잔에 출렁이는 가슴이다

어머니 수의 같은 배꽃 지는 포구에는
그토록 그리워하던 아버지의 봄날이듯
목마름 알싸한 그 맛 눈물까지 핑 도는데

창포 빛 가슴마다 초록 햇살 쏟아 놓아
잡풀들 길긴 목숨 지천으로 널리는 들
홍어 집 복사꽃 가시내 환장하게 웃고 있네.

나주역
― 영산강 2

창을 든 수문장이 남고 성문 지키고
금성산 누운 봉분 저 쓸쓸한 유언들이
아직도 날이 선 강물 시퍼렇게 흐른다.

하얀 꽃 잔등에 팔순 노모 기다리는
징용 간 작은 아버지 돌아오던 건널목
아들의 입영열차가 강둑으로 잠행하네.

홍어 파시 섰다는 혁명 같은 비린 냄새
잔재로 날아오른 비료 공장 검은 연기
바래진 세간의 풍경 배꽃 피어 더 환하다.

역류를 꿈꾸다
— 영산강 3

범람했던 강물들이 수그러든 둑방길

아버지의 등짝 같다, 구부정한 등허리가

허기져 누운 들판에 욕망의 혓바닥들

아롱지던 그 달빛 사라진지 오래인데

어눌한 삶의 한때 목마른 술꾼들이

구동의 권력 앞에서 죽은 듯이 춤을 춘다.

질펀한 홍어 냄새 봄날도 서러운 봄

짓이겨진 수초 늪은 시신처럼 널려있고

역류를 꿈꾸던 강에 만장들이 펄럭인다.

낙화
— 영산강 4

홍어 집 복사꽃 가시내 시집가는지

봄볕에 꽃잎들이 화사하게 지고 있네

다시는 볼 수 없어요, 꽃잎 지는 그리움을

왕버들 잘려나간 핼한 들에 봄은 와도

미나리 쑥부쟁이 푸르름을 잊은 강에

어머니 보고 싶어요, 봄눈 지는 저 풍경

눈 오는 날 복사꽃, 혹은 화인의 자국
— 영산강 5

눈 속에 피어나는 화인의 자국들은
내밀한 너의 순정 노을처럼 붉어진 밤
그녀의 봄 타는 가슴 밤새껏 기어오르다.

오를 대로 물이 오른 질컥이던 강바닥
땀 냄새 물컹한 살 빳빳하게 일어선다
상춘에 벙그는 라신 복사꽃 또 피웁니다.

탁류가 가라앉아 뱉어지는 신음들이
불륜의 현장에서 터져 나온 비명들이
뒤엉켜 빨아대다가 울컥울컥 범람하네.

황홀한 물막이는 누명처럼 허물어져
복사꽃 시든 지녁 미끈하게 누우는 강
그 흔적 잘근잘근한 이빨 자국 다지는가.

배꽃이 지는 풍경
— 영산강 6

영산강 하굿둑에
흰 꽃이 날리고 있다

시절이 봄이라서 봄눈인가 했더니

불륜의
공사 현장을
또 뛰어내리는 아! 궁녀.

영산포역
— 영산강 7

그 옛날 그리 없던 보리밥 시절에도

넉넉한 인심에는 시국 걱정 안했는데

지금도 논산행 열차 강둑을 끼고 가네.

반남의 고분들은 쓸쓸히 누워 있고

배꽃이 휘날리는 허기진 봄날에도

징용 간 아부지는 남양군도에 계시는지?

푸석한 어머니는 긴 한숨 부려놓고

허리 휜 푸른 물에 흘려보낸 세월들

마지막 열차 소리가 또 가슴 후비고 간다.

그 오월의 봄
― 영산강 8

민들레 쑥부쟁이 자운영 꽃 만발한 들

어머니 묵정밭에 아지랑이 피어오르고

덧없는 무성의 강은 휘어져서 흐릅니다.

개골산 진달래 밭 불이 나서 불이 탑니다

아버지 무논 배미 봄 아닌 봄은 와서

그 오월 개구리 울음 소낙비로 웁니다.

백제의 땅
― 영산강 9

용소정 시원에서 백제의 땅 가로질러

때로는 비린내로 역사의 물비늘로

복사꽃 환한 봄날은 적막 가득 흐릅니다.

휘 굽은 강줄기는 용의 몸을 뒤틀리듯

땅의 끝 닿을 때쯤 꽃 섬들이 떠오르게

혼불로 지켜온 강물 찔레꽃을 피웁니다.

봄 홍어
— 영산강 10

영산포구 저리 환한 복사꽃 어쩌자고

봄을 타는 그 입맛, 입맛 돋우는 새봄나물 안주에 막걸리 생각 끈 한 봄날, 봉선이 아부지 또 벼락 치는 소리다, "어야 오늘 장에는 순득이네 흑산 홍어 배 들어온다고 장바닥이 난리들 아닌가, 얼른 봉선이 보고 보들보들한 보리 한 바구니 캐오라 하게, 나는 지금 선창에 가서 미끈미끈한 홍어 콧잔등 하고 깨소금 맛 나는 애 한 덤벵이 사 올랑께" 어디 오늘 저녁에는 시원하고 얼큰한 그 원기에 좋다는 홍어 애국 한번 실컷 먹고 힘이나 한번 써보세- 응.

세상이 허허한 봄은 홍탁 한 잔이 참 딱인다.

달이 뜨는 강
― 영산강 11

술 취한

이태백은

빠진 달을 잡으려고

오늘은

강태공들

낚싯대 드리웠네

고기가

달을 뜯어 먹고

꼼지락도 않는 강.

봄, 간이역
― 영산강 12

바람 든 누나가 밤 봇짐을 싸던 날도

민둥머리 아들놈 논산으로 가던 날도

선잠 깬 기적소리는 강둑을 범람했지.

무중의 적삼 깃에 이슬 털고 오는 새벽

아버지 아오지로 끌려가신 봄날이듯

강변에 복사꽃들은 순결을 지켜왔지.

서울발 트랙터가 철길에서 누워 자고

종오형 휴가 올 때 허기지던 간이역은

꽃들이 모의를 하다 여의도로 가는 행렬.

꽃의 시신
― 영산강 13

영산강 포구에는 배들을 볼 수 없다

시대의 농간질로 숨어들어 버렸는지

흐르는 강물 속에서 수초들만 누워 있다.

투신하는 배꽃들은 어디로 사라지고

혐의는 분명한데 물증이 없는 강물

발자국 구정물들이 아직도 고여 있다.

낮달이 숨어 보다 지쳐있는 포구에는

떠밀려 내려오는 빛바랜 봄의 시신

고분의 벽화 속으로 돛단배로 떠 간다.

전라도 가는 길
— 영산강 14

유배의 길을 찾아 전라도 가는 길은
가도 가도 끝이 없는 봄바람 불어오고
보리밭 허기 달래는 찔레꽃 어머니가

굽은 등 아버지의 핏물이 젖어든 땅
황토밭 대물림에 거짓 없는 이랑들을
우리는 씨를 뿌리고 끌텅을 지켜왔지.

정월 보름 액막이굿 금줄 두른 당산나무
가뭇없는 세월에 만수무강 비는 손이
"궁마 갱, 궁마가 갱갱" 민초들 애환이다.

한 소절 육자배기 허허둥둥 달랜 가슴
버릴 것 다 버리고 망배단에 소지 한 장
가는 길 힘이 들어도 내 손 모아 올립니다.

"청어 엮자, 청어 엮자" 술래 소리 흐르는 강
영산포 다리에 서면 왜 눈물이 나는 걸까
진달래 꽃길을 따라 내 사랑이 찾아간다.

3부

풍경

가을 청령포

푸르던 여린 잎에 핏빛으로 염을 하던
가랑잎 그날처럼 또 떨어져 내리는데
단종의 슬픈 눈물이 자꾸만 어른거린다.

청령포 감아 도는 서강의 푸른 물에
황혼은 그날처럼 또 그렇게 내리는데
관음송 장능을 지켜 굽은 역사 쓰고 있다

침묵하는 무등산

입석대 흰 구름이 낮게 돌아내리는 날

신록은 또 그렇게 소리 없이 물이 들고

함성이 잦아지던 골 뻐꾸기는 울어싼다.

무등아 무등산아 내 오월의 무등산아

오늘도 그날처럼 초록빛 눈부시어

멀리서 바라만 보든 어머니는 침묵한다.

삼다도

굽이치는 파도 속에 숨비 소리 떠오른다
용왕신 물길 조화 태왁 끝에 걸어 메고
이어도 이어도 사나 허우적인 내 안의 섬

칠성판 등에 업고 물려받은 바람의 땅
매서운 겨울 바다 등신불로 지켜가는
생사를 피할 수 없어 넘나드는 화엄의 길

파랑에 들썩이는 수심만을 바라보며
두 눈을 부릅뜨고 부처 되는 꿈을 꾸다
어눌한 4·3의 한이 숭숭 뚫린 돌하르방.

고물상 부근

꽃 피는 봄 한때를 풍미했던 세간 살이
허름한 살점들이 시간으로 조여지면
뼈마디 헐거워져서 퇴적층도 흔들린다.

녹장이 벗겨지고 어디쯤 밀려나가
구멍 난 어둠 속에 햇볕이 스며들 때
짓눌려 아픈 상처를 철사줄 동여맨다.

무수한 잔해들과 질곡의 흔적 앞에
시대의 죽음처럼 질펀하게 널려지는
묻힌 과거사 정리 진상을 증언한다.

소록도

봄 햇볕 좋은 날은 천사 모습이 선하다

지금도 한하운의 보리피리 들리는지

천만번 울고 울어도 못 삭히는 설움의 땅

손가락 발가락도 몽글어진 형장에서

바람을 앞세워야 만나지는 얼굴들이

해풍에 씻기고 씻겨 쳐다보는 낮달이다

상흔이 지워지면 꼭 오마던 굳은 맹세

속 쓰린 금계랍에 온몸을 휘청이며

자꾸만 돌아봐지는 단종대의 녹슬은 창.

초록빛 오월로

하늘 문 닫힌 저녁 잿빛 구름 덧쒸우고

아침을 두들기는 빗소리가 괴로워진다.

이 비가 그치고 나면 초록은 더 푸르겠지

올 여름 더울 거라는 기상청의 예보일 뿐

경기가 심상치 않다, 수군대는 노점상들

초록빛 무성한 오월로 꽃잎만 흩날린다.

구름바다에 누운 부처
— 운주사

구름바다 돛배들은 산야에 탑이 되고

성한 곳 하나 없이 노숙하는 부처들은

흉상이 일그러진 채 탑 그늘만 밟고 있다.

첫 닭이 울어 올 때 여명을 묶어 놓아

한 쌍의 돌부처가 일어서지 못하는 건

천상에 못 이룬 사랑 이승에서 보라 한다

산허리 기울다가 걸쳐있는 북극성은

풍진에 깎인 자국 검버섯 피어나도

보아라 자비의 미소 눈 감으니 더 선하다.

무위사 모란꽃살무늬 벽화

꽃살 무늬 일고 간 바람은 미궁 속에
붉은 꽃 파란 잎이 속살로 박힌 음각
화공의 칠 년 붓 자국
풍경소리 금을 긋는

극락전 맞배 지붕 받쳐 든 사람 인ㅅ 자
산들이 누운 밤도 절 마당 휘도는 바람도
몇 수년 바라만 보며
바라밀을 외웁니다.

문 벽에 스며드는 모란 꽃 맑은 향이
비천도 푸른 자락에 흰 구름 날아 내려
무위사 애밀이 울면
또 한 번의 잎이 집니다.

오월에 증언하는 꽃들
― 어떤 풍속도 1

신록이 화려해진 오월 산을 오른다.

바람난 단골색시 개불알 다 모여서

호젓한 모텔 베란다 밤꽃 냄새 질펀하다.

황진이 나들이 길 민들레 홀씨 되어

신관사또 부임 잔치 앞섶도 풀고 앉아

원추리 홀라당 벗고 맨살로 유혹하네.

초롱담 홍등가에 몇 밤을 눈 흘겨야

폭탄주 몇 순배로 순정에 빠져들지

성 상납 받은 몸값에 파르르 떠는 저 몸짓.

텃밭, 자벌레
— 어떤 풍속도 2

홀엄씨 엉덩이만한 텃밭에 자벌레가 산다.

철저한 보호색의 연둣빛 자벌레가

충忠자로 갉아먹으니 잡기가 헷갈린다.

잡아서 밟아버리면 문드러질 목숨인데

모반의 속임수를 찾아내기란 참 어렵다

무공해 채소 가꾸는 일 이처럼 힘든 세상.

봄
— 풍경 1

구불진 고향 둔덕 살구꽃이 흐드러져
햇살에 성근 바람 찔레순 나들이 간다.
물 오른 갸름한 몸매 야들야들 흔들고.

맨살에 간지럼 탄 볼 붉어진 진달래는
가슴은 터질 듯 봉긋봉긋 솟아오르면
개울은 알몸으로 누워 유유히 그 짓이다.

무논
– 풍경 2

오뉴월 무논배미 개구리네 혼삿날

꺽다리 소금장수 코끝 빨간 함재비 앞세우고 막걸리 고주망태 풍머리 흔들면서 갓끈이 풀어진 채 도포자락 휘날리며 엉금엉금 가고 있네. 땅따리 물방개놈 덩달아 뒤뚱이며 물장구 장단 맞춰 앞서거니 뒤서거니 어정쩡 축의 행렬에 모둠발로 따라 간다. 상두꾼 개미의병 장맛비 개였다고 지렁이 장례식에 여의도로 불려가는지 우왕좌왕 갈팡질팡 일당이나 이당이나 민생은 뒷전이고 소문난 잔칫집 먹작거리 없다 하네.

한겨울 진눈 밟듯이 함을 파는 저 오두방.

겨울 배추밭
— 풍경 3

함박눈 내린 날은 고향에 더 가고 싶다

수천수만 와불들이 안거에 든 배추밭

어머니 군불을 지펴 아랫목 매만지시는

바람에 시달리고 착잡해진 포전마다

가고 싶어도 갈 수 없는 망향 진 하늘이듯

산 자나 죽어있거나 값비싼 그리움인 것

잔설을 이고 앉아 부도처럼 견디어온 날

천한 것의 목숨들도 거둔 자의 몫이 되는

긴 겨울 푸르른 열반 황금빛 경전을 본다.

가을날의 삽화
— 풍경 4

하늘에는

낮달이 하얗게 질려 있고

늙은 소 워낭소리 치렁하게 지나가도

개들의 대낮 거리가

부끄러운 한나절

가을볕

탱글해져 콩깍지 터지는 소리

멀리서 낮닭이 우는 한적한 마을 어귀

불혹의 억새 풀꽃이

거나해서 휘청인다.

오일 시장에서
― 풍경 5

북풍을 등에 업은 할머니의 좌판대에

눈물 젖은 굴비가 햇빛이 그리운 날

새벽은 푸른 바다를 유영하듯 젖어온다

모닥불 연기 속에 꽁꽁 언 손을 불며

노점상 물질하는 시장 바다 숨비 소리

떨기로 남은 햇살도 파장으로 기운다.

백마강
— 봄

꽃뱀처럼
길게 누워
천년을 돌아 <u>흐르고</u>
절정에 든
이 봄날
할 말 아직 남아 있어
낙화암
삼천의 궁녀
또 뛰어내리는 봄

겨울 녹차 밭
― 꿈의 궁전

비탈진 밭이랑이 땅 끝에 파도 같다

산에서 파도를 보고 물이랑을 만나

내 언제 얼룩진 과거 저렇게 지워 살까

찻잎에 배인 향이 몸 안에 젖어 들어

이슬처럼 왔다가 이슬처럼 사라지는

내 생은 꿈의 궁전에 차향이 되고 싶다.

황태덕장

먼 바다 심해를 빠져나온 엄동의 날
그렇게 파닥이는 허공 중의 등허리를
눈물 꽃 피워 말리는 수해樹海 속에 젖어든다.

수심의 고요보다 더 적요한 침묵의 산
솔바람 얼고 부푼 참선의 덕장 위에
눈꽃을 입에 물고서 목어로 살고 싶다

황혼 빛 내린 저녁 그 혹한을 생각하고
맑은 물 푸른 숲에 그 바다를 생각하며
지나간 바람의 유영 해탈하는 백일몽들

녹아든 뼈와 살이 향기로 남은 시간
내 몸의 모서리가 황혼처럼 바래져서
몸을 푼 생의 바다에 죽비 되어 내려진다.

심봉사, 무각사無覺寺에 오다

무각사 절 마당 영산홍 꽃 잔치에
심봉사 부름 받고 시연에 참석한 날
불이문不二門
더듬어 오며
문이 하나밖에 없다 하네.

있는 것도 없는 듯
없는 것도 있는 무각無覺
꽃 잔치 영산홍을 심봉사는 볼 수 없어
무각의
범종 소리가
귀를 열어 왔다 하네.

* 광주 5.18공원에 있는 사찰로 연산홍 꽃이 유명하다.

한빛원전, 그 후

여섯 마리 공룡 울음 우렁차게 들려오고

어둠을 밀어올린 수중의 물보라 빛

수많은 열꽃 무지개 산과 들에 걸쳐 있네.

코끼리 밥통에서 터빈 소리 들리는 날

보릿고개 한숨짓던 어머니 웃으시며

우리 집 간솔 초꼬지 대물림을 하라신다.

가을 적벽

단풍 물 흥건하게
젖어드는 물그림자

처염에 물들지 마라
일러주는 물염정

노루목
길게 뻗어서
풍경이 참 애절하다.

창랑이 비친 달을
적벽에 걸어두고

세속을 바라보다
허리 굽은 노송에게

머리 흰
억새꽃들이
안부 묻는 손사레질.

여의도의 봄

　오뉴월 보리누름 찔레꽃도 허기지는

　보리딸기 붉게 익은 더부룩한 가시밭에 똬리 튼 배암이 햇볕에 허물을 말리다 두 혓바닥 널름널름거리며 스르르 허물을 남기고 사라진 배암이 여의도 개나리 꽃밭으로 숨어들었다는데 잡기는커녕 쫓아내지도 못하고, 제사상이라도 지키라 했더니 그마저 우왕좌왕, 갈팡질팡, 엉망진창, 홍청망청, 그렇게 다 쓰고도 남아서 누구는 집으로도 가져갔다는데…

　아직도 연분홍 치마 봄바람에 휘날리는지?

4부

나의 여백

부부

해와 달이 뜨고 지는 동산에 같이 와서

우리는 운명 같은 그림자를 포개고 산다

무채색 두 그리움을 샛강에도 흘려보내고

그렇게 띄워 보낸 무너지는 가슴들은

때로는 물이 되고 사유의 강이 되어

긴 세월 당신의 바다 물결이듯 삽니다.

막노동

철골이 된 허기진 배 막걸리 한 사발로
손가락 안주 입맛 다신 일당백의 내 하루
어디쯤 돌아 나와야 끝이라도 보일는지.

온몸을 들쑤시는 원인 모를 통증에도
여의도의 농간질로 부당 해고 유효한지
푸른색 지폐 한 장에 삭신은 또 무너진다.

하회탈

축 처진 눈꼬리에 흘러내린 겹 주름에
세상사 일러주는 풍각쟁이 너털웃음
함지박 허방한 삶이 보란 듯이 다복하다.

배꼽 틀린 박장대소 허리춤에 걸려있어
사는 것이 서러워도 눈물 덩이 뵈지 마라
천생에 호탕한 얼굴 마주 보면 흥이 난다.

샌님네 상팔자도 별 것이 아니드라
어차피 저승 갈 때 빈손 쥐고 가는 것을
너처럼 욕심 없어도 신명나게 사는 거다.

* 2000년 풍경 진우 노래.

못질을 하다

극치의 힘의 존재 신비 우주 한복판에

튼실한 버팀목이 틈새로 끼어들어

꼿꼿 선 꼭짓점 딛고 힘력을 쓰고 있다.

현기증 울컥이던 절정의 순간 포착

황홀함 질펀하게 팽팽해진 신경줄을

핏발선 굳은 힘살이 기를 쓰고 물고 있다.

텃밭에 봄

피어 있던
꽃들이
하나, 둘
지고 있네

요즈음 내 몸의 미각도
심상치가 않다

수상한
이순의 텃밭
잡풀만 더 무성하니.

누드로 누운 꽃잎

봉숭아 꽃물 드는
누드로 누운 밤은

감춰둔 나의 사랑
어둠 속을 홀연히

그 여자
원초적 본능
광풍을 또 휘감는다.

도요새, 그 쓸쓸한 흔적

한 마리 도요새가 겨울 강을 쪼고 있다
갈게 구멍 물비늘에 감겨드는 따순 햇살
긴 부리 쑥쑥 거리며 잘게 잘게 쪼개 문다

진저리친 새벽길 모닥불로 회귀하는
알량한 이름 석 자 안부마저 없는 날은
회오리바람 남기며 하늘을 걸어서 간다.

후회할 일 없다는 듯 노을빛 바래지는
썰물이 빠져나간 어느 해안 뒤편에서
쓸쓸한 노동의 흔적 발자국 또 찍고 있을까.

벚꽃나무 첫눈 내리다

첫눈을 맞고 있는 쓸쓸한 겨울 벚나무
떠나고 없는 그리움 분분이 절창이다
그래도 한때를 풍미했을
그 봄을 생각하는지

추억을 묻어버린 가로등 불빛 타고
세한의 종소리가 마지막 울리는 밤
눈발은 그렇게 가슴속
흰 꽃으로 피어나네.

경기는 회복될 기미마저 가뭇없고
섣달이 쓸쓸해진 이유라도 알 것 같은
사랑이 흐드러지는
벚꽃 나무의 저 원색.

겨울 까치집

미루나무 꼭대기
아스라한 적막강산

여름에도 눈이 오고
한겨울에 꽃이 핀다.

삭정이
적멸보궁에
숭숭 뚫린 바람의 집.

어머니의 산

내 일몰
그림자를 내리려
말이 없다

외로움이
찾아와도
어둠을 기다리고

가끔은,
가슴을 열어
휑한 바람 쓸어안을 뿐

억새풀꽃

유년의 언덕에는
억새풀이 무성하다
그리움이 젖어들어 꿈결에 시든 저녁
불새로 날아오르다 하늘가에 잠이 든다.

상처 난 그 여름을
또 다시 기다리며
세한의 길목에서 그대 안부 묻고 있을
뉘여진 침묵의 잔해 파도로 출렁인다.

새벽시장

비릿한

흰 바다가

출렁이기 시작 한다

내 분신

어디쯤에

새벽 한기 사라질

뎅강이

목이 잘리는

좌판대에 놓인 햇살

풀밭에서
― 춘투의 현장

시원의 풀밭 위로
지쳐 오는 바람에
저마다 소스라치듯 넘어지고 일어서는
초록진 자연의 바다 풀들의 절규를 보네.

무거운 침묵에도
어둠 가른 풀빛 언어
춘투의 만가소리 만장으로 펄럭인다
이슬을 머금은 아침 태양 다시 떠오르고

슬픔은 잠시일 뿐
일렁이는 훈풍 타고
사계를 돌아 나온 봄의 뜰 노랫소리
오늘도 노동의 현장 장엄하게 일어서다.

입적入寂

매화 향 보고 싶은

햇빛 고운 불일암

물소리 바람소리

영생의 길을 내어

가진 것

다 버리시고

홀로 다시 오시는 길.

등대지기

이골이 난 세상은 차라리 외로워라

애수의 몸이라서 꿈꿀 수는 없지만

파도에 가슴 사루어 불꽃을 피워 문다.

그리움이 밀려오면 속살까지 드러내고

밤마다 몸을 풀어 서러움도 삭혀내는

수심에 잠겨드는 일 그마저 절명이다.

고흐의, 밀밭 길을 가다

봄 키 큰 초록 물결 정연한 흔들림이
이국의 먼 하늘 향수처럼 바래지고
무섭게
검푸른 구름
타오르는 황금 밀밭.

음울한 하늘을 나는 검은 깃 까마귀 떼
어쩌면 알 수 없는 죽음으로 향하는지
누구도
갈 수가 없는
세 갈래 길이 있는

후박나무 그늘, 그 윤회

후두둑 후박나무에 빗소리가 그치면

이름 모를 새들은 날아와 놀기도 하다

꽃 열매 하나씩 물고 어디론가 날아간다.

그 열매 어느 인연 싹을 틔워서

무성한 수목들은 또 그늘 남기겠지

누군가 그늘에 와서 새처럼 쉬어도 가게.

그 여름 산밭에
— 어머니

재 넘어 시집 와서 평생을 산밭에서
괴롭고 슬픈 날은 날 지심 후비시다
밭머리
못 떠나가고
이랑에 누운 어미

삼우제 지낸 뒤에 마른 잔디 봉분 위에
그 여름 그날처럼 뻐꾸기 그리 울어
당신의
생애 설움을
다시 보게 합니다.

이승의 지심 밭에 무순 정 심어 두고
구절초 바람결에 흔들리는 꽃길 만나
호젓이
젖어 있다가
그 길로만 가라신지.

겨울 구제역

주인님 밥을 줄땐 돈이었을 목숨들이

세상의 부조리를 돌려받는 죗값으로

눈보라 내몰린 몸에 살처분 집행형이

핏발선 눈 부릅뜨고 흙구덩 들어서며

따라오면 안 된다고 살래 젖는 눈짓에도

새끼들 어미의 속을 아는지 모르는지.

고려장 몽상에서 편안 잠도 그르치고

아무리 배고파도 수입 것은 먹지 마라

더 더욱 검은 것이면 받지 마라 일렀거늘.

느티나무의 말

초록진 내 여름을 그녀에게 다 내주고

하늘만 쳐다 보다 허방다리 짚는다

한쪽 발 들어다 놓은 옆방이 더 후끈한지.

더듬어 온 긴 날이 간극으로 맞닿아

푹신한 살 거죽을 은근 슬쩍 잡아 트네

비집고 넘어선 경계 틈새가 더 아늑하다.

그 뒷모습
― 법정

물소리 바람소리

산새들 노랫소리

산에 산에는

꽃이 피네 꽃이 지네

숲길로

가는 뒷모습

지워지지 않는 그늘.

* 법정 스님의 산문집 인용.

섬 억새

어디서 어떻게 흘러들어 왔는지
아무도 본 사람도 아는 사람도 없다
언제나 홀로 일어서는 그 눈물 외에는

산벚꽃 지는 봄은 물안개로 피어나고
새의 무리 지나는 쓸쓸한 가을 허공에
몸으로 울어야 하는 가슴은 숨겨둔 채

사내는 늘 그렇게 그녀의 수심 속을
습관처럼 굳어지는 아랫도리 적시며
파도의 시린 기억을 더듬어 내고 있다.

해금

두 줄이어서 더 슬픈

곡진曲陳한 울림이다

세상사 일러주는

해학의 웃음이고

달빛이

칼금을 긋는

귀로 맡은 향기이다.

빈농 貧農
— 아버지 2

대물림 가업들이 가부좌로 앉아 있다

지게와 작대기는 와불처럼 누워 있고

헛간에 우황 든 황소 아버지가 계신다.

먼 길을 돌아왔을 침묵의 소신공양

전생의 무거운 짐 저리도 가벼울까

길고도 짧은 유언이 거미줄에 걸려있다.

설움을 갈아엎던 쟁기 써래 호미 삽들

인골 박힌 손자국 날을 세워 행군이랑

육남매 아버지였을 그 모습이 더 짠하다.

바다 경전

헤아릴 수 없는 낮과 밤을 지워간다

해와 달을 삼키고 어둠까지도 지운다

조용한 바다의 설법 썼다가 다시 지우는

바람 불어 좋은 날은 바람으로 지우고

해조음 슬픈 날은 썰물 내려 지운다

섬과 나 바다 경전을 그렇게 외우고 산다.

전용차로

오늘도 안전운행 조심해서 오세요
지난밤 꿈자리가 뒤숭숭해서 란다
조바심,
조심 조심히
차도를 진입한다…

커브길 들어설 때 네비에서 하는 말
야생동물 출현 예상 주의운전 바랍니다
순간에
꿈을 설친 시신
일그러져 스쳐간다.

남겨진 바큇자국 또 지우고 간 바큇자국
재수 없는 죽음에도 가혹한 형벌들이
세간의
전용 차로에
즐비하게 널려진다.

실직

왜가리

한 마리가

잿빛 하늘 날아간다.

구름 속을

헤쳐가며

왝, 하고 우는 울음

경비실

쫓겨 나오신

아버지를 생각한다.

조화 앞에서

긴 이별을 위하여 짧은 길 동행이다

출입구에 줄을 지어 창백한 얼굴들이

향 촛불 침묵 행장에 뼈와 살이 타고 있다.

두 발로 걷던 세상 세 발로 짚고 서서

언제나 저를 위해 기도하지 않았지만

꽃들은 몸을 내주고 누군가를 또 보낸다.

목숨

　동가숙東家宿 서가식西家食 이 편한 세상 유전은 무죄이고 무전은 유죄란다.
　정말로 살만하다면 눈 딱 감고 살아봐야제.

　세상을 살다 보면 허망한 일 없겠는가 억울하고 분통 터져 애끓인 날 없다면야.
　살아서 살맛나는지 입 꼭 다물고 살아봐야제.

　닭 잡아먹고 오리 발도 내미는데 책상을 탁, 치니 억, 하고 죽었습니다.
　내통이 잘 되는 세상 사랑 한 번은 꼭 해봐야제.

이순耳順

내 귀에
달팽이가
세 들어와 산다.

한여름 내내
매미 울음만 듣다가

어느새
가을이 왔는지
귀뚜라미가 울어싼다.

슬픈 이력

새들은 날아서도 하늘 길을 가는데
나는 갈 수 없는 아득한 허공이네
강물에
발목 잡히는
가로등 불빛이듯.

내 꿈이 휘청이는 술이 취한 골목길
이룰 수 없는 꿈을 잠까지 설쳐대며
어느새
동녘 하늘이
붉어오고 있다는데.

이 몸은 날아서는 갈 수 없는 것이란 걸
흰 새벽 걸어야만 건너지는 것이란 걸
네 발로
파닥인 세상
산 짐승의 슬픈 이력.

뒷모습도 그리움이다

내 앞에 보는 거울

나 혼자

웃고 있지만

멀어지는 뒷모습은

사랑 눈물

모두이다

그만큼

돌아볼수록

그리움은 간절한 것

봄, 절정

산들이 드러누워
그것을 시작하네

연둣빛 가슴
터질 듯
두근거리는 버릇에

수줍음
확, 달아올라
그만 고백을 하고 마네

나무처럼 살아야지

나무도 자연에서 시인이고 스승이다
사계절 시를 쓰고 섭리를 가르쳐 준
사람도
사람의 나름
나무처럼 살아야지.

가질 것 없다면야 두고 갈 것은 있어야지
온몸을 다 내주고 돌아오던 어느 가을
나는 왜
사람이면서
너만큼도 못하는지

찔레꽃

하얀 봄 언덕에 모시옷의 내 어머니

강물에 잠겨질 듯 기다려진 모습에서

이 봄날

차마 당신을

바라볼 수 없는 꽃.

표표한 반골의 정신, 여유와 장단의 가락
/이지엽

■해설
표표한 반골의 정신,
여유와 장단의 가락

이지엽

시인·경기대 교수

1. 남도의 정서, 울돌목의 두 목소리

문주환 시인의 시집에는 남도의 정서가 출렁인다. 시원하고 얼큰한 홍어 애국의 지릿한 맛이 휘감기고, 반쯤 울먹이는 목소리에서는 울돌목의 물소리가 소용돌이친다. 잔잔한 듯하다가도 어느새 걸판지게 육자배기 가락을 타고 넘나든다.

명랑해협
성난 파도
억겁을 들이치다

당산에
달이 뜨면

가 웅 강 수 우 월래 소리

오늘도
그날의 함성
울먹이는

물
굽
이

— 「울돌목」 전문

이 작품에는 시인이 추구하는 남도의 정서가 잘 반영되고 있다. 그것은 두 개의 정서라고 할 수 있는데, 서로 대립적인 성질을 가지고 있다. 하나는 "성난 파도 억겁을 들이치"는 표표한 정신이고, 다른 하나는 "가 웅 강 수 우 월래"로 풀어지는 가락의 여유로움이다. 이 두 정신은 각각 초장과 중장에서 형상화되고 있는데, 초장에 그려진 표표함은 특히 해남반도와 연관이 깊은 운둔과 반골의 정신에 관련된다. 잘 알다시피 시인이 살아가는 해남은 정란과 사화를 피해 대거 낙남하는 선비들의 의분과 관련된 장소이다. 조선 초 세조가 조카인 단종을 폐위시키는 계유정란이 일어나자 원주 이씨 이영화가 마산 산막리로 낙남해 온다. 산에 움막을 짓고 생활했다고 해 마을 이름이 산막리가 되었다. 같은 난으로 무안 박씨 박종정은 마산 연구리에 정착하고 여흥 민씨 민중건은 해남읍 해리로, 순천 김씨 김효우는 계곡 방춘으로, 통천 최씨 최윤옥은 옥천 흑천리, 의성 김씨 김호는 황산 일신리로 낙남을 한다. 계유정란 이후 성종실록에 실린 사초 조의 제문으로 김일손 등 사림파들이 대거 숙청되는 무오사화로 김해 김씨 삼현파 김하는 산이면 노송리로, 청주 한씨 한세전은 삼산면 상가리로 내려온다. 기묘사화로 남평 문씨 문억봉이 황산 관춘으로, 제주 양씨 양예용이 옥천 죽촌에 정착한다. 을사사화 때는 파평 윤씨가 옥천으로 낙남하는 등 결코 적지 않은 집안들이 해남에 정착하여 후손을 잇게 된다.(박영자,「다시 읽는다 해남의 역사」, ≪해남우리신문≫, 2003. 6. 28 참조) 그러니 자연히 현실에 대해 저항하는 정신이 심층적으로 관류하고 있다고 볼 수 있는 것이다.

다른 하나의 미학은 "가 웅 강 수 우 월래 "로 풀어지는 가락의 여유로움이다. 현대시문학사에 해남의 정신적 지주의 한 사람인 이동주 시인은 일찍이 「강강술래」란 작품을 통하여 한국 서정시의 정수를 보여주었다. 그는 의도적인 언어의 절제를 통해 감성적인 욕구를 효과적으로 제어制御하고 모색하면서, 시에 음악성을 부여하여 민족 고유 정서의 질박質樸한 면을 최대한 살리고자 하였다.

여울에 몰린 은어떼
가아옹 가아옹 수우월래에

목을 빼면 설움이 솟고…
백장미白薔薇 밭에
공작孔雀이 취醉했다.

뛰자 뛰자 뛰어나 보자
강강술래

뇌누리에 테프가 감긴다.
열두발 상모가 마구 돈다.

달빛이 배이면
술보다 독한것

갈대가 스러진다
기폭旗幅이 찢어진다.

강강술래
강강술래

— 이동주,「강강술래」전문

 강강술래는 노래와 춤이고, 이 노래와 춤의 진행이 어떠한가에 주목해보면 그 장단과 가락을 충분히 음미하게 된다. 작품의 시작은 "여울에 몰린 은어떼"로

서 여기저기서 아낙네들이 모여드는 모습을 묘사한 것이고 그래서 이들이 모인 느린 템포로 노래에 맞춰 춤을 추기 시작한다. 물론 처음은 춤이 주가 되지 못한다. "목을 빼는 설움"이 섞인 노래가 먼저인 것이다. 그러던 것이 점점 빨라지기 시작한다. 춤으로 달궈졌으니 "달빛이 배이면/ 술보다 독한것"이라는 명구도 강한 설득력을 얻는다. 춤이 가장 절정에 달한 대목은 바로 8연이고 8연 중에서도 뒤 행 "기폭이 찢어진다"에 있다. 그러기에 당연이 9행의 노래도 '가응강'이 아니라 빠른 템포의 '강강'인 것이다. 우리는 이 작품을 통해 축약된 언어가 갖는 무미건조성을 극복하기 위해 율동적인 음악성까지를 주도면밀하게 검토한 시인의 고뇌를 충분히 읽어볼 수 있다. 이동주 시인은 "시詩의 특질特質은 짧은 형식에 있다. 지극히 제한制限된 규격規格에 있나니, 시인의 고행苦行은 실로 이 제한된 양식樣式에 있으리라."고 하였다. 여기 문주환 시인은 오늘 그러한 선배 시인의 주문에 가장 충실한 시를 쓰고 있는 것이다.

   종장에서 시인은 이 두 개의 정신, 곧 표표한 반골의 정신과 장단이 넘쳐나는 가락의 여유로움을 한꺼번에 버무리고 있다. 마치 울돌목의 물굽이가 휘돌면서 하나가 되듯이. 이 두 정신을 작품을 통해 보다 면밀히 살펴보기로 하자.

2. 표표한 반골의 정신

표표한 반골의 정신은 시대에 대한 자각에서 비롯된다. 역사를 너머의 정신을 보기도 하며 현실의 공간에서는 적응하지 못하는 소시민의 아픔과도 연결된다.

우항포 바다가 울면 갯내음 불어온다

언뜻 언뜻 구름 사이 보름달이 지나가고

우렁한 공룡 울음이 암각화로 새겨진다

거대한 몸짓들이 불 구렁을 빠져나와

죽음이 몰려드는 어둠의 길을 건너

해식층 암벽 위에다 생의 흔적 찍고 있다.
―「백악기의 공룡을 만나다」전문

시인이 실고 있는 해남 항산의 우항리 공룡 화석지를 통해 생의 의미를 반추하며 성찰하는 자세를 보여준다. 백악기 공룡이 살았던 시기를 "죽음이 몰려드는 어둠의 길"로 은유하고 있다. 사리 분별이 되지 않고 한치 앞도 볼 수 없는 위험한 혼돈의 시대라고 본 것이다. "불 구렁"은 공룡이 태어난 곳을 암시하고 있으며, 이들의 울음이 "해식층 암벽 위에다 생의 흔적"으로 찍혀 있는 것으로 해석하고 있다. 그런데 해남반도를 지나온 역사가 바로 "죽음이 몰려드는 어둠의 길"이었다. 낭만적으로 녹록한 길이 절대 아니었다. 공룡이 자신의 울음을 암벽 위에 새기며 그 흔적을 남겼듯, 선인들은 해남의 곳곳에 그 울음의 흔적을 남겼다. 거기에 영산강이 있고 "무위사 모란꽃살무늬 벽화"가 있다.

영산강 포구에는 배들을 볼 수 없다

시대의 농간질로 숨어들어 버렸는지

흐르는 강물 속에서 수초들만 누워 있다.

투신하는 배꽃들은 어디로 사라지고

혐의는 분명한데 물증이 없는 강물

발자국 구정물들이 아직도 고여 있다.

낮달이 숨어 보다 지쳐있는 포구에는

떠밀려 내려오는 빛바랜 봄의 시신

고분의 벽화 속으로 돛단배로 떠 간다.
―「꽃의 시신 ― 영산강 13」 전문

「영산강」 연작은 전자의 작품의 시대적 배경인 백악기가 근대로 옮겨와 "혐의는 분명한데 물증이 없는" 근대사의 질곡을 질타하고 있다. 시인은 영산강 포구의 흥성스러운 옛 모습을 생각한다. 그러나 그곳에는 배들을 볼 수 없다고 한다. "시대의 농간질" 때문이다. "흐르는 강물 속에" 누운 수초들과 "투신하는 배꽃들"이 목청을 높여도 묵묵부답하는 시대가 "발자국 구정물"로 가차 없이 비판되고 있다. 비판의 강도는 셋째 수에서 절정을 보이는데 "떠밀려 내려오는 빛바랜 봄의 시신"으로까지 비하되고 있는 것이다. "낮달이 숨어 보다 지쳐있는 포구"나 "고분의 벽화 속으로 돛단배로 떠"가는 풍경은 영화는 사라지고 실루엣만 남은 영산포구의 쓸쓸한 잔상을 형상화시키고 있다.

유배의 길을 찾아 전라도 가는 길은
가도 가도 끝이 없는 봄바람 불어오고
보리밭 허리 달래는 찔레꽃 어머니가

굽은 등 아버지의 핏물이 젖어든 땅
황토밭 대물림에 거짓 없는 이랑들을
우리는 씨를 뿌리고 끝탱을 지켜왔지.

정월 보름 액막이굿 금줄 두른 당산나무
가뭇없는 세월에 만수무강 비는 손이
"궁마 갱, 궁마가 갱갱" 민초들 애환이다.

한 소절 육자배기 허허둥둥 달랜 가슴
버릴 것 다 버리고 망배단에 소지 한 장
가는 길 힘이 들어도 내 손 모아 올립니다.

"청어 엮자, 청어 엮자" 술래 소리 흐르는 강
영산포 다리에 서면 왜 눈물이 나는 걸까
진달래 꽃길을 따라 내 사랑이 찾아간다.
　　　　　　　　　―「전라도 가는 길 ― 영산강 14」 전문

　전라도를 찾아 가는 길이 지난했다. 더욱이 그 끝에 자리 잡은 해남은 말해 무엇하랴. "가도 가도 끝이 없는 봄바람 불어오고/ 보리밭 허기 달래는 찔레꽃 어머니가" 있는 곳이다. "굽은 등 아버지의 핏물이 젖어든 땅"이 아니던가. 민초들은 "황토밭 대물림에 거짓없는 이랑들"에 "씨를 뿌리고 끌텅을 지켜"간다. 애환이 떠날 날 없어도 "가뭇없는 세월에 만수무강"을 빌고 또 비는 것이다. "궁마 갱, 궁마가 갱갱"하는 꽹과리 소리가 민초들 애환과 아픔을 대변해주는 듯하다. 「영산강 13」에서도 보았던 영산포구의 쓸쓸함이 여기에서도 잘 드러나는데 "청어 엮자, 청어 엮자"의 술래 소리가 흐르는 강이라고 하여 서정자아가 어릴 적

들어왔던 포구의 노랫소리가 잔잔하게 회상되고 있다. 영산포 다리에 서서 눈물을 흘리는 서정자아의 모습이 아프게 다가온다.

> 꽃살 무늬 일고 간 바람은 미궁 속에
> 붉은 꽃 파란 잎이 속살로 박힌 음각
> 화공의 칠 년 붓 자국
> 풍경소리 금을 긋는
>
> 극락전 만배 지붕 받쳐 든 사람 인人 자
> 산들이 누운 밤도 절 마당 휘도는 바람도
> 몇 수년 바라만 보며
> 바라밀을 외웁니다.
>
> 문 벽에 스며드는 모란 꽃 맑은 향이
> 비천도 푸른 자락에 흰 구름 날아 내려
> 무위사 애밀이 울면
> 또 한 번의 잎이 집니다.
> ―「무위사 모란꽃살무늬 벽화」 전문

"무위사 모란꽃살무늬 벽화"에 결국 스며든 예술혼은 "붉은 꽃 파란 잎이 속살로 박힌 음각"의 꽃살무늬로 인한 것이지만, "극락전 만배 지붕 받쳐 든 사람 인人 자"에서 느낄 수 있듯 결국 사람에 대한 애정이라고 볼 수 있나. "화공의 칠 년 붓 자국"으로 "풍경소리 금을 긋는" 것이니 그 애달픔이야 어찌 말로 다할 수 있으랴. "산들이 누운 밤도 절 마당 휘도는 바람도" 바라밀을 외우고 그 여운으로 "모란꽃살무늬 벽화"가 맑은 향이라도 불러온다는 것이니 그 벽화 앞에서는 아무리 어려운 시대라도 어렵지 않게 넘어갈 수 있을 것 같은 평화로움이 넘치고 있는 것이다. 이것은 마치 한 점의 허세나 치장, 허튼 구석 없이 단정한 무위사無爲寺를 닮아 있다. 어떤 인위나 조작이 닿지 않는 맨 처음의 진리를 깨달으라는 절 이름만큼이나 순수하고 고즈넉한 분위기를 연출하고 있다.

> 굽이치는 파도 속에 숨비 소리 떠오른다
> 용왕신 물길 조화 태왁 끝에 걸어 메고
> 이어도 이어도 사나 허우적인 내 안의 섬
>
> 칠성판 등에 업고 물려받은 바람의 땅
> 매서운 겨울 바다 등신불로 지켜가는
> 생사를 피할 수 없어 넘나드는 화엄의 길
>
> 파랑에 들썩이는 수심만을 바라보며
> 두 눈을 부릅뜨고 부처 되는 꿈을 꾸다
> 어눌한 4·3의 한이 숭숭 뚫린 돌하르방.
>
> ―「삼다도」 전문

표표한 반골의 정신은 「삼다도」에서는 "4·3의 한"

으로 확장되고 있다. 삼다도에는 "굽이치는 파도 속" 숨을 끊는 듯한 "숨비 소리"의 고통이 있고, "매서운 겨울 바다 등신불로 지켜가는" 냉엄한 생존의 길이 있다. 시인은 이를 "생사를 피할 수 없어 넘나드는 화엄의 길"이라 했다. 화엄처럼 깊고 높은 길이라는 의미일 것이다. 그런 제주가 수만의 사람을 죽이고 죽는 참화를 겪었다. 4·3이다. "숭숭 뚫린 돌하르방"처럼 가슴이 숭숭 뚫리고도 그 아픔을 다 삭이지 못하는 땅을 시인은 얘기할 수밖에 없는 것이다.

왜가리

한 마리가

잿빛 하늘 날아간다.

구름 속을

헤쳐가며

왝, 하고 우는 울음

경비실

쫓겨 나오신

아버지를 생각한다.
— 「실직」 전문

그러나 무엇보다 중요한 표표한 반골의 정신은 오늘의 삶 속에서 만나게 되는 현실의 뼈아픈 자각 속에서 더 첨예하게 드러난다. "왜가리/한 마리"의 "왝, 하고 우는 울음"에는 시대를 짊어지고 나아가다 더 견뎌내지 못하는 아버지의 모습이 있다. 구름 속처럼 늘 우중충한 현실 속에서 우리들의 아버지는 늘 경비실 같은 구석진 자리도 변변히 지키지 못하고 쫓겨 나오는 존재처럼 초라하다.

설움의 눈물바다 마를 날이 없는지
명량의 바다가 울면 비가 또 내린단다.

4월의 그 바다에 꽃들이 수장되고
5월의 그 산하에 꽃들이 산화하는
사람들 사는 고향은 죽어서도 가고 싶은지

…(중략)…

아버지, 어머니가 가시던 길 가고 있어
부끄럽지 않은 얼굴 사람들이 사는 땅에
오늘도 구름 한 자락 사무치게 지나간다.
— 「명량, 그 고향을 가다」 부분

"4월의 그 바다에 꽃들이 수장되"는 세월호로 인한 아픔과 "5월의 그 산하에 꽃들이 산화하는" 5월 광주 민중항쟁의 외로운 넋이 "오늘도 구름 한 자락 사무치게 지나"가는데 "설움의 눈물바다 마를 날이 없"는 것이 오늘의 삶이라는 것이다. 시인은 "억울한 이 누명을 슬픔의 이 눈물을/ 지울 수만 있다면" 다 지우고 "푸른 산 푸른 바다"의 고향땅, "부끄럽지 않는 얼굴 사람들이 사는 땅에" 살고 싶다고 한다.

시인은 "영산강"과 "무위사 모란꽃살무늬 벽화"를 통하여 또 "삼다도"와 "왜가리"와 "명량바다"를 통하여 현실 공간의 아픔을 어떻게 극복하고 응전하는가를 표표한 시대정신으로 견인해내고 있는 것이다.

3. 가락의 여유로움

미황사 부도전에 애기동백 한창이네

토끼와 돌 거북이 수궁을 유영하듯

스님들 열반에 드는 한 이승을 가고 있고

탑신에 금을 긋는 외진 골 풍경소리

천둥은 잦아지고 노을 타는 황소울음

바위도 미륵이 되나 돌꽃들이 피어나네

봄날도 서러운 봄 산을 깨는 먹뻐꾸기

석잔등 진달래를 저리 붉게 피워놓고

부처님 염화미소를 꽃향기로 남기네
―「미황사 부도전」 전문

「미황사 부도전」에서는 앞서의 표표한 반골의 정신과는 전혀 다른 미의식을 만나게 되는데, 가락의 여유로움 속에 느끼는 흥취와 재미성이다. "스님들 열반에 드는 한 이승을 가고 있고" "바위도 미륵이 되나 돌꽃들이 피어"나고, "부처님 염화미소가 꽃향기로 남"는 공간이니 여유의 품새와 훈훈함이 행간을 지배하고 있다. 그런데 이 작품에서 유의해볼 것은 이러한 스님과 미륵과 부처님의 시적대상들은 부도전의 자연물에서 비롯된 상상력의 산물이라는 점이다.

· 애기동백꽃이 피어남―토끼와 돌 거북이 수궁을 유영―스님들 열반에 듦
· 외진 골 풍경소리―노을 타는 황소울음―바위도 미륵이 되고 돌꽃들 피어남

· 먹뻐꾸기 울음—석잔등 진달래를 붉게 피움—부처님 염화미소를 꽃향기로 남김

애기동백꽃이 피어나는 것이 토끼와 돌 거북이 수궁을 유영하는 듯 한가로워 보이면서도 너무 붉어 위태로이 보이고, 그 모습이 마치 스님들 열반에 드는 모습이라는 것이니 보통의 사유가 아니다. 둘째 수도 마찬가지다. 외진 골 풍경소리가 노을 타는 황소울음으로 변하고, 그러나 바위도 미륵이 되고 돌꽃들이 피어난다는 것이다. 셋째 수에서는 먹뻐꾸기 울음이 석잔등 진달래를 붉게 피우고, 종내는 부처님 염화미소마저도 꽃향기로 남긴다는 것이니 「미황사 부도전」이야말로 미타찰의 공간이 아니겠는가. 시인의 물활론적 상상력이 가히 서정시의 한 극점을 보여주고 있다.

대흥사 일주문을 지나 피안교 난간 위를
바랑을 진 달팽이가 아침을 건너고 있네.
노스님, 만행의 길을 다녀오시는 중이란다.

느린 걸음이지만 먼 길 재촉해 가시는 것은
아마, 일지암 지나 만일암 거쳐 북 미륵암까지
늦어도 해거름 산의 행전에 당도하시려는지.
　　　　　　—「대흥사를 가다 － 만행卍行」 전문

이 작품에서도 전자의 작품과 같은 시적 상상력을 만날 수 있다. 피안교 난간 위에서 우연히 마주친 달팽이 하나를 시인은 따라간다. 느리고 느린 걸음이지만 달팽이는 먼 길을 재촉해 가고 있음이 분명하다. 그게 바로 "노스님, 만행의 길"이라는 것이다. 그러니 세상 살아가는 일 너무 급하게 서두를 일이 아니라는 것이다. 급한 것 다 내려놓고 자기 자신을 좀 돌아보라는 의미인 것이다.

> 어둠을
> 살라먹고
> 불끈
> 솟아오른
>
> 사내가
> 아랫도리 벗는 소리
>
> 일순간
> 붉은 굉음을
> 지르다가
> 사그라드는
>
> ―「일출」전문

영산강 하굿둑에
흰 꽃이 날리고 있다

시절이 봄이라서 봄눈인가 했더니

불륜의
공사 현장을
또 뛰어내리는 아! 궁녀.
　　　　—「배꽃이 지는 풍경 - 영산강 6」 전문

　두 작품은 자못 선정적이다. 하나는 해가 돋는 장면이고 하나는 배꽃이 지는 장면이다. 둘 다 공통적인 요소는 극적인 장면이라는 점이다. 해 돋는 장면을 "사내가/아랫도리 벗는 소리"라고 했고 "일순간/ 붉은 굉음"이라고 하여 시각과 청각으로 형상화하였다. 시각도 시각이지만 청각이 동원되니 한결 그 느낌이 크다. 청각은 울림을 동반하니 시각보다는 느낌이 클 수밖에 없다.
　후자의 배꽃이 지는 장면은 봄눈처럼 지는 것으로 비유하더니 이내 "불륜의/공사 현장을/ 또 뛰어내리는 아! 궁녀."로 한 단계 더 나아간다. 봄눈 내리는 것은 유사 이미지지만 "뛰어내리는 궁녀"는 낯선 표현이다. 정태에 가까운 시각적 이미지가 동태적인 시각적 이미지로 변환되면서 활력을 띠고 있는 것이다.

　영산포구 저리 환한 복사꽃 어쩌자고

봄을 타는 그 입맛, 입맛 돋우는 새봄나물 안주에 막걸리 생각 끈 한 봄날, 봉선이 아부지 또 벼락 치는 소리다, "어야 오늘 장에는 순득이네 흑산 홍어 배 들어온다고 장바닥이 난리들 아닌가, 얼른 봉선이 보고 보들보들한 보리 한 바구니 캐오라 하게, 나는 지금 선창에 가서 미끈미끈한 홍어 콧잔등 하고 깨소금 맛 나는 애 한 덤벙이 사 올랑께" 어디 오늘 저녁에는 시원하고 얼큰한 그 원기에 좋다는 홍어 애국 한번 실컷 먹고 힘이나 한번 써보세- 응.

세상이 허허한 봄은 홍탁 한 잔이 참 딱인디.

—「봄 홍어 – 영산강 10」 전문

사설시조로 봄의 흥취를 담아내고 있는 이 작품은 시인이 얼마만큼 능란하게 가락을 잘 타고 있는지를 보여준다. 초장에서는 복사꽃의 봄이 왔음을 알리고, 중장에서는 "새봄나물 안주에 막걸리 생각 끈 한 봄날"을 설정하고, "순득이네 흑산 홍어 배 들어온다고 장바닥이 난리들"인 것을 대화체를 통해서 엮어나간다. 그래서 보리애국에 막걸리 한 사발을 먹으면 없던 힘도 솟고 절로 흥이 일어날 법도 하니 "힘이나 한번 써보세- 응."하는 대목이 제법 그럴싸한 조응구가 될 법도 하다. 그러면서 종장에서는 "홍탁 한 잔"이 세상의 허허한 봄을 건너는 하나의 방법임을 일러준다. 초장의 허두와 종장의 마무리도 일품이지만 중장에서 반복과 열거, 절정을 치닫는 사설의 묘미를 잘 살아난다. 무리가 따르지 않게 대화체를 섞어 넣으면서 사설의 가락적 유연함을 잘 다스리고 있는 것이다.

신록이 화려해진 오월 산을 오른다.

바람난 단골색시 개불알 다 모여서

호젓한 모텔 베란다 밤꽃 냄새 질펀하다.

황진이 나들이 길 민들레 홀씨 되어

신관사또 부임 잔치 앞섶도 풀고 앉아

원추리 홀라당 벗고 맨살로 유혹하네.

초롱담 홍등가에 몇 밤을 눈 흘겨야

폭탄주 몇 순배로 순정에 빠져들지

성 상납 받은 몸값에 파르르 떠는 저 몸짓.
─「오월에 증언하는 꽃들 ― 어떤 풍속도 1」 전문

더 나아가 신록이 화려해진 오월의 산을 성적인 모티프를 토해 활기차게 그려낸다. 「봄 ― 풍경 1」에서는 "살구꽃이 흐드러"진 모습과 "맨살에 간지럼 탄 볼 붉어진 진달래"의 가슴이 터질 듯 봉긋봉긋 솟아오르는 모습을 그려내면서, "물 오른 갸름한 몸매 야들야들 흔들고" "개울은 알몸으로 누워 유유히 그 짓"거리를 하는 봄을 관능적으로 그려낸다. 그 봄의 모습을 여기서는 "바람난 단골색시 개불알"이나 질편한 "모텔 베란다 밤꽃 냄새"로 더 적극적이고 개방적인 표현으로 선정화 한다. "원추리 홀라당 벗고 맨살로 유혹하"는 것도 너무 적나라해 보이지만, "초롱담 홍등가에 몇 밤을 눈 흘겨야/ 폭탄주 몇 순배로 순정에 빠져들지"에서 보듯 순수와 순정함의 꽃들이 "성 상납 받은 몸값에 파르르 떠는" 것으로 오월을 증언하는 모습이 단순히 유희로만 읽혀지지는 않는다. 오월을 증언한다는 것은 「명량, 그 고향을 가다」에서 "5월의 그 산하에 꽃들이 산화하는/ 사람들 사는 고향은 죽어서도 가고 싶"은 곳으로 그려지기 때문일 지도 모른다.

우리는 지금까지 문주환의 시조집 『전라도 가는 길』을 통해 표표한 반골의 정신과 가락의 여유로움이 어우러지는 활달한 개성적 목소리를 살펴보았다. 표표한 반골의 정신은 시대와 같이 가며 응전하는 대결 의식을 갖고 있으며 가락의 여유로움 속에는 흥취와 재미성, 조화와 활달함이 있다. 이것은 문 시인이 찾아낸 남도의 두 목소리이다. 두 목소리는 대립적이지 않고 상보적이다. 직선이면서도 곡선이고, 포물선이면서도 사선이다. 시대와 같이 가면서도 시대를 넘어서는 울울함이 있다. 가락과 같이 가면서도 가락을 넘어서는 당당함이 있다. 이 두 줄기가 더욱 선명하면서도 더 높고 깊은 경지로 들어서길 바라며 이 글을 마친다.

문주환

전남 해남 출생. ≪문학춘추≫, ≪시조세계≫, ≪월간문학≫ 등단. 광주일보 시조 발표, 전국 공무원 문예대전 시조 최우수상(국무총리), 전남 문학상, 무등시조문학상 수상. 광주전남 시조시인 협회 회장 역임. 현재 열린시조학회 광주전남 지부장, 한국문협 해남군 지부장, 고산문학 대상 운영위원. 시조집 『땅끝귀거래사』 출간.

|한국대표정형시선 040|

전라도 가는 길

초판 1쇄 인쇄일 · 2015년 11월 06일
초판 1쇄 발행일 · 2015년 11월 16일

지은이 | 문주환
펴낸이 | 노정자
펴낸곳 | 도서출판 고요아침
편　집 | 박은정, 김남규

출판 등록 2002년 8월 1일 제 1-3094호
03678 서울시 서대문구 중가로 29길 12-27 102호
전화 | 302-3194~5
팩스 | 302-3198
E-mail | goyoachim@hanmail.net
홈페이지 | www.goyoachim.com

ISBN 978-89-6039-749-1(04810)

* 책 가격은 뒤표지에 표시되어 있습니다.
* 지은이와 협의에 의해 인지는 생략합니다.
* 잘못된 책은 교환해 드립니다.

* 이 책은 전라남도 문예진흥재단의 지원금을 받아 제작하였습니다.

ⓒ 문주환, 2015